máomao bù bēi shāng
毛毛不悲傷

Momo is not sad

小樹苗教育出版社有限公司

悲傷時，毛毛覺得世界上的色彩都像給人帶走了，所有事物都變得灰暗，令人沮喪。

3

bēi shāng shí　　máo mao zhǐ xiǎng kū　　yì zhí kū

悲傷時，毛毛只想哭，一直哭……

kū dào yǎn lèi dōu biàn chéng yì tiáo hé

哭到眼淚都變成一條河。

máo mao zhǐ xiǎngyòng bèi zi gài zhù tóu
毛毛只想用被子蓋住頭，

shén me dōu bù xiǎng zuò
什麼都不想做……

有些事情讓毛毛特別悲傷，

像聽到爸爸和媽媽爭吵……

我生病了，渾身不舒服……

喜歡的人或喜歡的寵物去世。

其實，悲傷是人之常情。如果
能找個朋友傾訴，把傷心事說出來，
你就會好多了。

悲傷時，毛毛會對自己好一點。
在浴缸中浸個泡泡浴，或者聽
他喜愛的音樂。

有時候，跟家人和朋友在一起會讓毛毛舒服些。就算毛毛不想說話，但有他們在身旁就夠了。

當然，最好有人能擁抱着毛毛，對

他說：「沒事了，小寶貝，沒事了！」

Momo is not sad

When Momo is feeling sad, he feels like someone has taken all the colours away…and everything is grey and gloomy and droopy.

When Momo is feeling sad, he feels like he wants to cry…and cry… and cry so much that he makes a flood!

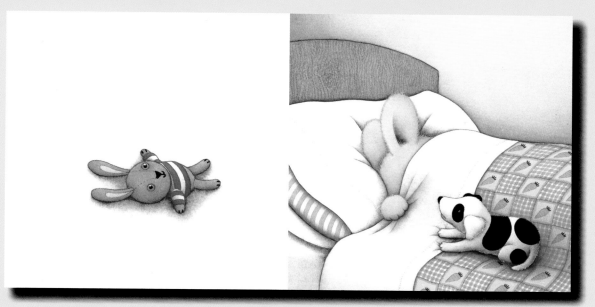

Momo wants to crawl into bed and pull the covers over his head…and stay there until the sadness goes away.

Some things make Momo really sad…like when he hears Mum and Dad arguing, or when he is sick and his body does not work properly … or when someone or something that he loves died away.

It is okay to let yourself feeling sad…but it could be helpful to talk with someone about it.

Sharing your feelings sometimes can make you feel better.

When Momo is feeling sad, he tries to be kind and gentle to himself. He likes to soak in a big bubble bath, or listens to his favourite music.

Sometimes, just being with friends and family makes Momo feel better…even if he does not want to talk.

But the nicest feeling of all is when a kind person gives him a hug and says, "Everything is going to be fine."

創造一個好故事

☆ 創作引導 ☆

■ **小朋友，什麼事情讓你感覺悲傷？**

● 爸爸、媽媽吵架　　● 心愛的玩具不見了　　● 親友生病或過世

✎ 請把你感覺悲傷的事情畫下來……

■ 小朋友，你感覺悲傷時，什麼事情可以讓你好過些？

● 爸爸、媽媽給我一個擁抱　　　　● 大哭一場

✎請把你認為讓你比較不悲傷的方法畫下來……

 創造一個好故事

☆ 創作活動 ☆

■ 什麼事情會讓你悲傷難過？這個時候，你最想做什麼事？

■ 你可以按照這四個問題的答案，畫下四個畫面，編成一個故事：

● 有一天，發生了一件事……　　　　● 這件事造成……

● 因為這件事，我感覺……　　　　　● 結果……

■ 無論這件事如何發展，你可以按照事件的起始、經過、感覺、結果，編成一個四格故事。想一想，怎麼樣的結果會讓你的感覺好些。

材料：
● 圖畫紙五張，其中一張用來畫封面。
● 畫具，也可以用剪貼色紙和舊雜誌的方式來完成畫面。

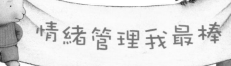

✎有一天，發生了一件事……

✎這件事造成……

✎因為這件事，我感覺……

✎結果……

25

【透過創作學習成長】

☆ 克服悲傷 ☆

在面對悲傷事件的時候，人彷彿一下子落入深淵無法脫離，又彷彿突然陷入黑暗的礦坑，在黑暗岔路上不知如何前進。

無論哪個年齡層，悲傷都是難以面對的情緒衝擊，俗語說「時間可以療癒一切」，但這只是利用時間的力量，消極地強迫接受悲傷的事實而已。

孩童的悲傷原因，在大人眼中可能只是一件無關痛癢的小事，例如找不到玩具，同學不和自己玩，無法取得想要的物品等等；或因無法控制的憤怒而引起，例如想完成的勞作無力完成，已經做好的積木被人破壞等等。這類事件對家長來說，可視為讓孩子學習調適的好機會；但在孩子單純的世界中，這些已經是讓自己難過極了的大事。

有時候，孩子悲傷難過的原因與本身行為沒有太大關係，例如父母吵架失和，親人遠離或過世等。這類情況對孩子的影響更大，甚至能引發孩子歸咎於自己，產生罪惡感，造成自我價值低落。

無論如何，悲傷的情緒是人們心中一種面對事情的感受，任何人都可能因為某件事情而悲傷難過。我們所能做的，就是學習面對。

成年人有足夠的認知能力來說出和面對悲傷，然而兒童的認知能力有限，對悲傷的感受可能比較模糊，無法完全透過語言表達，而需要以象徵性的表達方式，跟人溝通和陳述感受。

兒童喜歡聽故事和說故事。故事情境是象徵性陳述感受的好方法，如果能夠配合遊戲、角色扮演、玩偶、黏土、繪畫等，便成為兒童表達的舞台。

　　家長引導孩子陳述悲傷事件時，可以請孩子將事件以故事的方式呈現。故事的主角不一定是自己，可以改為另一個創造出來的人物、動物或物品。故事當中可能包含直接的語言和隱喻的表達，父母仔細聆聽之餘，如能帶着好奇的神情，以開放式問題詢問孩子故事中的細節，必能更了解孩子。

　　現實生活中的悲傷事件也許無法改變，故事卻可以自創結局。自創結局的故事讓孩子增加生活中的自我控制感。如能鼓勵孩子將故事畫成小繪本，則更容易讓孩子理解，這個故事不過是生命故事的一個章節，隨後還會有更多不同的章節產生，自己則是生命故事腳本的撰寫者！家長可以將孩子完成的作品當成討論的起點，甚至指出故事元素與近來生活經驗的相似之處，但要避免直接詮釋故事。

　　兒童喜歡聽故事，也常從創作故事中得到樂趣。《兒童故事治療》的作者布蘭岱爾（Jerrold Brandell）認為，兒童創作的故事幫助人們了解他們。當經驗轉為故事，說故事者也同時積極塑造自己的生活。兒童說故事時，期待能透過創造故事的過程，發展出新的適應策略，並運用這些策略來解決衝突，發展出情緒成長的能力！

毛毛EQ 學習繪本

毛毛不悲傷

Momo is not sad

原　　著：Trace Moroney（澳洲）
繪　　圖：Trace Moroney（澳洲）

主　　編：呂佳蓉
美　　編：邱佳齡
港版文字：袁妙霞
製作排版：小樹苗製作組
合作出版：小樹苗教育出版社有限公司
　　　　　SESAME PUBLICATION CO., LTD.
地　　址：香港北角屈臣道4/6號海景大廈B座11樓B1105A室
電　　話：2508 9920
傳　　真：2806 3267
電　　郵：info@sesame.com.hk
版　　次：2016年11月七版
國際書號：978-962-8969-43-2
定　　價：港幣40元

本書繁體版版權由明天國際圖書有限公司授予